COMPTABILISATION ET AUDIT DES COÛTS PÉTROLIERS DANS UNE SOCIÉTÉ NON-OPÉRATRICE

Les Impliqués Éditeur

Structure éditoriale récente fondée par L'Harmattan, Les Impliqués Éditeur a pour ambition de proposer au public des ouvrages de tous horizons, essentiellement dans les domaines des sciences humaines et de la création littéraire.

Déjà parus

Jantcheu (Germain), *Notre vie mathématique*, essai, 2015.

Chaudenson (Robert), *Putain ! Trois ans !*, chroniques, 2015.

Albanel (Philippe), Juilliard (Vincent), *Destination Iran*, récit, 2015.

Hudson (William), *City Way of Life*, poèmes, 2015.

Nya (Blandine), *La violence conjugale*, essai, 2015.

Urbain (Roland), *Du bon usage de la relation pédagogique*, essai, 2015.

Younouss (Mohamed), *Côte d'Ivoire : en route vers l'émergence*, essai, 2015.

Zeif (Colette), *Ne dis pas ton nom et cache-toi*, récit, 2015.

De Parcou (Blanche), *Sur le fil du rasoir*, récit, 2015.

Maarek (Judith), *L'Âme-Son*, récit autobiographique, 2015.

Ces dix derniers titres de ce secteur sont classés par ordre chronologique en commençant par le plus récent.
La liste complète des parutions, avec une courte présentation du contenu des ouvrages, peut être consultée sur le site :
www.lesimpliques.fr

Voltaire Brice Etou Obami

Comptabilisation et audit des coûts pétroliers dans une société non-opératrice

Cas d'un contrat de partage de production (CPP)

Les impliqués Éditeur

21 bis, rue des écoles, 75005 Paris

www.lesimpliques.fr
contact@lesimpliques.fr

ISBN : 978-2-343-07709-3
EAN : 9782343077093

A mes enfants
Brisnel,
Righo,
Jessica et
Nathaelle,

A toutes autres personnes,
Pour leur soutien, leurs encouragements et leur participation à la réalisation de ce document.

REMERCIEMENTS

Mes remerciements vont tout d'abord au Seigneur Jésus-Christ, pourvoyeur de toute chose, sans qui ce travail n'aurait pas vu le jour.

Qu'il me soit permis d'exprimer ma reconnaissance envers toutes les personnes qui de près ou de loin m'ont soutenu dans mes efforts et ont contribué ainsi à la réalisation de ce document.

Je réserverais une place particulière à :

- Monsieur Fylla Saint-Eudes pour l'encadrement, les conseils et le suivi du process pour la mise au point de ce travail.
- L'expert-comptable Ludovic NGATSE pour la formation, les conseils et la rigueur qu'il a mené pour nous former dans la rédaction de ce document.

SIGLES ET ABREVIATIONS

CA : Conseil d'Administration
CAPEX : Capital Expenditure
CEMAC : Communauté Economique et Monétaire de l'Afrique Centrale
CFA : Communauté Financière Africaine
CP : Coûts pétroliers
CPP : Contrat de Partage de Production
EP : Exploration/Production
FASB : Financial Accounting Standards Board
HC : Hydrocarbures
MO : Main d'œuvre
OHADA : Organisation pour l'Harmonisation en Afrique du Droit des Affaires
OPEP : Organisation des Pays Exportateurs de Pétrole
OPEX : Operating Expenditure
PCO : Parent Company Overhead
RM : Redevance minière
SEC : Securities and Exchange Commission
SFAS : Statement of Financial Accounting Standards
SFASB : Statement Financial Accounting Standards Board
TRRT : Transfert

INTRODUCTION

Un contrat pétrolier d'exploration-production se présente généralement sous la forme d'un document d'une centaine de pages, comprenant plusieurs sections : le préambule, le texte principal, et des annexes jointes au contrat et qui en font partie intégrante.

Le texte principal se développe sous forme d'articles et sous-articles numérotés en séquence, souvent regroupés en chapitres. Il définit les parties au contrat, son objet, sa durée de validité ainsi que les droits et obligations respectifs des parties. De manière schématique, les clauses usuelles peuvent être regroupées en quatre catégories principales :

- Les clauses techniques, opérationnelles et administratives couvrent les aspects pratiques de la conduite des opérations durant les différentes phases ;
- Les clauses économiques, fiscales, financières et commerciales couvrent le partage de la rente entre les parties, la comptabilisation des coûts pétroliers, la valorisation et l'enlèvement de la production ;
- Les clauses juridiques couvrent l'application et la modification des relations contractuelles entre les parties ;
- Des clauses diverses complètent les aspects précédents.

Certains pays ont introduit dans les années 1970-1980 une clause de participation selon laquelle l'Etat peut lui-même participer directement aux opérations en tant que partenaire du titulaire, assumant les mêmes droits et obligations, à hauteur de sa quote-part de participation.

La participation revêt en général la forme d'une association incorporelle, elle est constituée de l'Etat, propriétaire du sol et du contracteur (groupement des sociétés membres de l'association). L'Etat devient un partenaire du contrat à hauteur de sa quote-part définie dans le contrat, généralement par le biais d'une société nationale.

Il existe deux types principaux de contrats, le régime de concession et le contrat de partage de production. A ces deux types, on ajoute des autres formes contractuelles conclues par les sociétés nationales des pays déjà producteurs qui confient à des sociétés pétrolières le soin de procéder pour leur compte à des travaux de recherche, de développement et/ou d'exploitation.

Dans le cadre du régime de la concession, l'Etat octroie au titulaire un titre minier exclusif d'exploration (permis de recherche). Puis, pour chaque découverte commerciale, il accorde un titre exclusif de développement et d'exploitation de ladite découverte (concession). Les revenus de l'Etat sont obtenus par le biais de la fiscalité et appartiennent aux principales catégories suivantes :

- Le bonus de signature ou de production ;
- Les redevances superficiaires ;
- Les redevances à la production (royalties) ;
- L'impôt sur les bénéfices du titulaire ;
- Eventuellement, une taxe supplémentaire sur les profits pétroliers.

Dans le contrat de partage de production, l'Etat reste le seul titulaire des droits miniers. Le succès de cette formule dans les pays en développement et les pays émergents réside dans plusieurs aspects originaux. A ce titre, on notera la nature juridique des liens contractuels (les sociétés pétrolières ne sont pas directement titulaires des titres miniers) ainsi que le concept de « partage » de la production d'un gisement.

Les sociétés pétrolières sont regroupées autour d'une association régie par un joint operating agreement[1]. Ce contracteur signe avec l'Etat un contrat de partage de production[2] qui définit les modalités de partage de la production et de récupération des coûts. Il comporte une procédure comptable qui fixe les règles de comptabilisation, d'acceptation et de récupération des coûts pétroliers.

Il s'agit dans ce mémoire, de décrire le process de comptabilisation des coûts pétroliers chez le non opérateur. La société opératrice a obligation de transmettre aux sociétés non opératrices les états des coûts afin de leur permettre de tenir la comptabilité liée à leur quote-part dans l'association.

Il sied de signifier que ces comptabilités tenues par les opérateurs et les non opérateurs doivent être auditées et certifiées par les commissaires aux comptes respectifs de ces sociétés. Il se pose donc la question de savoir comment auditer avec une assurance raisonnable la comptabilité des coûts pétroliers d'une société non opératrice alors qu'elle ne reçoit que les états de cohérence envoyés par l'opérateur.

Pour répondre à cette problématique, nous allons examiner les normes internationales applicables à l'industrie pétrolières et les méthodes de comptabilisation des coûts pétroliers d'une part, et décrire le process d'audit des coûts pétroliers en proposant des diligences additionnelles d'autre part.

---

[1] JOA.

[2] CPP.

PARTIE 1

GENERALITES SUR LES CONTRATS

CHAPITRE 1
CONTRAT DE PARTAGE DE PRODUCTION

1.1.1. Définition

Le système juridique du contrat de partage de production a été introduit par l'Indonésie en 1966, lors d'un contrat conclu entre la société nationale Pertamina et un indépendant américain, et sous une forme voisine par le Pérou en 1971.

Depuis, ce concept a été choisi par de très nombreux pays. Beaucoup sont exportateurs de pétrole, tels que l'Indonésie ou l'Egypte, où plus de 100 contrats de ce type ont déjà été respectivement signés, mais également la Malaisie, la Syrie, Oman, l'Angola, le Gabon, la Lybie, le Qatar, la Chine, l'Algérie ou la Tunisie. Certains d'entre eux ne sont pas, ou peu, producteurs, comme la Tanzanie, la Côte d'ivoire, la Mauritanie, le Kenya, l'Ethiopie, la République Démocratique du Congo ou la Jamaïque et dans les pays de l'Europe de l'Est.

Le succès de cette formule dans les pays en développement et les pays émergents réside dans plusieurs aspects originaux. A ce titre, on notera la nature des liens contractuels (la compagnie pétrolière n'est pas directement titulaire des titres miniers) ainsi que le concept de « partage » de la production d'un gisement. On soulignera également le degré plus élevé de contrôle que peut théoriquement exercer l'Etat sur les opérations pétrolières effectuées par la compagnie pétrolière, laquelle n'agit qu'en tant que prestataire de service ou contractant.

La compagnie pétrolière ou le contracteur, qui seule supporte les risques financiers, est également responsable de la direction et de la conduite des opérations sous la supervision de l'Etat. Pour les compagnies, certaines concessions peuvent même être jugées plus contraignantes que les CPP, tant sur le plan de la conduite des opérations que sur le plan économique.

Ce système est donc fondé sur le principe d'un partage de la production entre l'Etat ou la société nationale, titulaire des droits miniers, et la compagnie pétrolière (ou le consortium). Celle-ci est l'opérateur responsable de la conduite et du financement des opérations, et ses services sont rémunérés en nature, seulement en cas de développement d'une découverte commerciale.

Ces sociétés qui forment le contracteur ou consortium sont représentées par une société opératrice conformément au Joint Operating Agreement[3].

Ce contrat d'association s'applique de plein droit aux sociétés et à tout cessionnaire des droits de chaque société sur le permis , ainsi qu'à toute société ou l'une d'entre elles se seront associées en lui cédant tout ou partie de leurs droits et obligations sur le permis. Cependant, toute cession devra être soumise préalablement à son entrée en vigueur à l'approbation du ministre de tutelle.

L'accord comptable, annexe au contrat d'association, permet d'établir des principes et règles équitables pour la comptabilisation des charges et crédits relatifs aux activités réalisées dans le cadre de l'accord ; étant entendu que l'opérateur ne devra encourir aucun gain ou perte du fait de ses devoirs ou responsabilités en tant qu'opérateur.

Notons néanmoins que l'Accord comptable support des contrats d'exploitation pétrolière varie selon qu'il s'agit d'un contrat de partage de production ou d'un contrat de concession

---

[3] JOA.

1.1.2. Principales Composantes

Le rôle de l'Etat dans un CPP est renforcé par l'application des deux principes suivants :

- L'Etat, par sa société nationale, reste l'unique titulaire des titres et droits miniers, et donc de la production. Ceci crée donc de jure un monopole d'Etat sur la recherche et l'exploitation des gisements d'hydrocarbures. Les compagnies pétrolières ne peuvent intervenir qu'en tant que prestataires de services (ou « contractants »), dans le cadre d'un contrat analogue à un contrat de prestations de services.
- L'Etat ou la société nationale, tout en faisant appel à la compétence technique et financière des compagnies pétrolières (qui lui avancent ou préfinancent les investissements nécessaires), reste propriétaire d'une fraction importante de la production. Le groupe contracteur ne reçoit, à titre de remboursement des dépenses qu'il a engagées et de rémunération pour ses services, qu'une part souvent minoritaire de la production. Il est à noter que dans ses rapports annuels, le contractant ne peut prendre en compte dans ses réserves que cette seule part du gisement et non sa totalité.

Dans un CPP, le contractant a le droit de se faire rembourser des coûts pétroliers qu'il a engagés, en disposant chaque année d'une fraction de la production qui ne peut dépasser un certain pourcentage de la production annuelle dans la zone contractuelle. Cette quantité est appelée cost oil. Le solde des coûts pétroliers non encore recouvrés est alors recouvrable la ou les années suivante(s), selon le même principe. La fraction de la production correspondant au cost oil est valorisée en prenant comme référence le prix du marché du pétrole brut, afin de la comparer au montant des coûts recouvrables.

La limite maximale de la production pouvant être consacrée au recouvrement des coûts pétroliers (cost stop) varie selon les pays ou les contrats (taux usuels de 30 à 60%) mais peut parfois atteindre 100%. Les conséquences économiques du niveau de ce seuil sont fondamentales : plus le taux de recouvrement est élevé, plus vite le contractant peut récupérer ses coûts et améliorer ainsi la rentabilité de ses investissements.

Toutefois, il est à noter que, progressivement, le système de recouvrement des coûts est devenu plus complexe, comme l'illustrent les dispositions particulières suivantes, qui ont été introduites dans certains contrats :

- Crédit d'investissement (17% en Indonésie, de 33,3 à 40% en Angola) : le contractant peut recouvrer, dans le premier cas, 117% au lieu de 100% de son investissement, ceci compensant en partie l'érosion monétaire (le recouvrement se fait toujours en valeur nominale sans indexation).
- Etalement du recouvrement des investissements de développement dans les temps : équivalent d'un système d'amortissement linéaire sur une période de 4 ou 5 ans (Angola) ou selon un système d'amortissement dégressif accéléré (système DDB ou Double Declining Balance en vigueur en Indonésie).

- Définition plus précise des coûts pétroliers recouvrables :
  - Exclusion ou non des bonus et des intérêts et charges financières ;
  - Priorité de recouvrement entre les différents coûts (exploration, développement, exploitation, autres) ;
  - Recouvrement des coûts conjoints répartis entre les membres d'un consortium et des coûts individuels engagés séparément par chacun desdits membres ;

- Modalités de répartition des coûts entre les zones de développement, si plusieurs découvertes successives sont développées.

En général, un CPP ne prévoit pas de paiement de redevance à la production, mais dans le cas où celle-ci existe, le *cost oil* est calculé sur la production restante après redevance.

CHAPITRE 2
REGIMES DE CONCESSION

1.2.1. Définition

Dans le cadre du régime de la concession, l'Etat octroie au titulaire un titre minier exclusif d'exploitation (permis de recherche). Puis, pour chaque découverte commerciale, il accorde un titre exclusif de développement et d'exploitation de ladite découverte (concession).

Dans un contrat établi sous un régime de concession, on retrouvera les clauses précédemment exposées. Ce type de contrat peut être, soit un véritable accord pétrolier, soit simplement l'application des conditions générales et particulières de l'octroi d'un permis de recherche ou d'une concession, dans le cadre de la législation pétrolière en vigueur et accompagnée d'un cahier des charges spécifique au permis.

L'originalité d'un accord de concession réside essentiellement dans la propriété de la production, la propriété des installations de production et les sources de revenus de l'Etat

1.2.2. Principales Composantes

Avant leur production, les hydrocarbures appartiennent à l'Etat. Ce droit de propriété de l'Etat sur le sous-sol et les réserves est très courant et se retrouve dans la majorité des pays, quel que soit le type de contrat. Cependant, dans le cadre d'un régime de concession, le titulaire devient propriétaire de la totalité des hydrocarbures produits, sous réserve de paiement de redevances en nature (pétrole ou gaz naturel) ou en espèces, dès que ces hydrocarbures sont extraits de terre, au niveau de la tête de puits.

Sous le régime de concession, le titulaire est propriétaire des installations jusqu'à l'expiration de ses droits miniers. A l'expiration de la concession ; les installations fixes reviennent le plus souvent à l'Etat, sans indemnité pour le titulaire, et l'Etat peut les utiliser à sa convenance et notamment pour poursuivre la production, si celle-ci peut être encore assurée dans les conditions qui lui paraissent économiques. Par ailleurs, l'Etat peut exiger du titulaire l'enlèvement à ses frais d'une partie ou de la totalité des installations, si l'Etat ne désire pas les utiliser. Le titulaire a le droit de réutiliser ses installations pour les opérations de production d'une autre découverte située dans le même pays.

Les revenus de l'Etat sont obtenus par le biais de la fiscalité et appartiennent aux principales catégories suivantes :

- Le bonus (de signature ou de production)
- Les redevances superficiaires ;
- Les redevances à la production (royalties);
- L'impôt sur les bénéfices du titulaire ;
- éventuellement, une taxe supplémentaire sur les profits pétroliers.

Selon les législations pétrolières, la concession comporte un caractère contractuel plus ou moins reconnu qui, d'une certaine manière, protège son titulaire en cas de révision de la législation fiscale pétrolière. Ainsi, dans la majorité des pays, même s'il n'existe pas de contrat de concession, certains termes sont stabilisés à la date d'octroi du permis (redevances, surtaxe pétrolière), mais l'imposition sur les bénéfices relève de droit commun et est susceptible de modifications périodiques. C'est ainsi que des réductions successives du taux d'impôt ont été décidées ces dernières années au Royaume-Uni, en Norvège ou aux Pays-Bas, qui s'appliquent également aux opérations pétrolières.

PARTIE 2

NORMES COMPTABLES
ET COMPTABILISATION
DES COUTS PETROLIERS

CHAPITRE 1
NORMES COMPTABLES INTERNATIONALES APPLICABLES À L'INDUSTRIE PÉTROLIÈRE

L'activité d'hydrocarbures fait l'objet de publications spécifiques qui s'appuient sur les recommandations du FASB[4]. L'objectif est de pouvoir mesurer les répercussions sur l'état financier d'une entreprise, d'une part, du coût de l'exploration et du développement des gisements d'hydrocarbures, et d'autre part, des revenus de leur commercialisation.

C'est en 1977 que la FASB a publié pour la première fois **un SFAS (Statement of Financial Accouting Standards) numéro 19**, demandant à l'industrie pétrolière de publier les informations relatives aux activités de production d'hydrocarbures. La production inclut l'extraction vers la surface, la collecte, le traitement et le stockage sur champ.

Il en a résulté un rapport financier non normalisé, de sorte **que le FASB a proposé en 1982 une nouvelle norme, le SFAS 69**, qui définit la façon dont les réserves et coûts connexes doivent être présentés en annexe du rapport financier annuel.

2.1.1. Investissements et coûts

Dans le langage courant, nous utilisons le terme d'investissement (ou coûts capitalisés ou immobilisations) pendant les phases d'exploration et de développement et le terme de charges (ou coûts) durant la phase d'exploitation,

---

[4] Financial Accounting Sandards Board.

appelée également phase de production. Ces investissements et coûts sont relatifs à de nombreuses opérations.

En comptabilité, la décomposition entre investissement (CAPEX) et charges (OPEX) peut s'effectuer sur une base différente de celle utilisée dans le langage courant.

Selon les principes de la comptabilité (GAAP[5]), les investissements apparaissent dans le bilan, et les coûts dans le compte de résultat. Si l'économiste et le comptable se rejoignent sur ce qu'est un coût au niveau du compte de résultat, en revanche, en ce qui concerne le terme d'investissement, le comptable aura une vision différente selon la méthode qu'il applique.

Dépenses dans l'amont pétrolier

Exploratation	Développement (offshore)	Exploitation
Acquisition de titre minier	Forages de développement (Plates-formes: construction/installation)	Frais d'exploitation liés aux systèmes de pompage, collecte, traitement et stockage
Etudes préliminaires Etudes géologiques Opérations sismiques	Récupération améliorée: - puits - installations de pompage - autres	Frais d'exploitation liés aux systèmes de pompage, collecte, traitement et stockage Frais de transport
Forage d'exploration	(Flow lines de connexion)	
Forage d'appréciation/ délinéation des découvertes	Installations de production: - séparation/traitement - évacuation - installations de stockage	Frais de transport

[5] General Accepted Accounting Principles.

La norme comptable américaine SFAS 19 admet deux méthodes de traitement des dépenses d'exploitation - production : la méthode dite des successful efforts et celle des full costs. D'une manière générale, les grandes compagnies pétrolières intégrées utilisent la première méthode (en tous cas pour leurs comptes consolidés) et les autres, comme les indépendants américains, préfèrent la seconde. Ces deux méthodes diffèrent sur ce qui va être comptabilisé en investissement pendant la phase d'exploration.

2.1.1.1. Méthode des successful efforts

Selon cette méthode, seules les dépenses qui ont un lien direct avec les réserves découvertes sont immobilisées.

a/ Dépenses des droits miniers

Les dépenses engagées pour obtenir un titre minier, comme l'achat d'un permis, le versement d'un bonus d'exploration, le coût des intermédiaires (brokers) et les coûts juridiques, sont considérées comme des immobilisations. Si par la suite, les investissements réalisés sur ce titre n'ont pas permis d'aboutir à une découverte commerciale, ils sont dépréciés par la constitution d'une provision.

b/ Dépenses d'exportation et de délinéation

Les études préliminaires, la géologie et la géophysique sont comptabilisées directement en charges – donc non immobilisées – car ces techniques fournissent des informations fondamentales mais ne contribuent pas directement à la découverte d'un gisement.

Les forages connaissent un traitement adapté au résultat auquel ils ont abouti : si le forage est un échec (forage sec), il est passé en charges, s'il est au contraire positif, il est immobilisé. Pendant toute la période de forage, les dépenses relatives au forage en cours sont provisoirement immobilisées et lorsque le résultat est connu, elles sont basculées en charges dans un délai de un an si le forage est sec, ou maintenues en immobilisations s'il est positif.

c/ Dépenses de développement

Les dépenses de développement concernent les dépenses nécessaires à la production des réserves découvertes (sismique 3D qui permet de suivre en dynamique le gisement, forage de puits producteurs ou injecteurs, installations pour la production et le traitement, systèmes de collecte, de stockage et d'évacuation jusqu'au point de livraison contractuel). Ces dépenses ayant un lien direct avec les réserves découvertes sont immobilisées.

2.1.1.2. Méthodes des full costs

Dans cette méthode, tous les investissements d'exploration-production sont immobilisés. Par conséquent, à l'actif est enregistré un montant plus important que dans la méthode précédente.

Comparaison des méthodes successful efforts et full costs

	Méthode des successful efforts	Méthode des full costs
Coûts d'acquisition d'intérêts miniers	Immobilisés	Immobilisés
Coûts géologie/géophysique	En charge	Immobilisés
Puits sec d'exploration	En charge	Immobilisés
Puits d'exploration productif ou en cours	Immobilisés	Immobilisés
Dépenses de développement (y compris puits de développement sec)	Immobilisées	Immobilisées
Coûts de production	En charge	En charge

En dehors des aspects purement comptables, ces deux méthodes vont entrainer des différences au niveau du résultat et de la rentabilité. En effet, en cas d'échec de l'exploration, dans la méthode des fulls costs, tous les coûts étant immobilisés, le résultat comptable sera supérieur au résultat obtenu avec la méthode des successfull efforts (puits sec considéré comme une charge) mais le retour sur capitaux employés sera pénalisé.

2.1.2. Les réserves

2.1.2.1. Définition des réserves par le SFAS 69

Les réserves d'hydrocarbures qui constituent l'actif le plus important pour les compagnies pétrolières ne sont pas inscrites dans le bilan (à l'exception des réserves achetées qui sont inscrites pour la valeur d'achat). Cependant depuis 1982, le SFAS 69 précise la façon de présenter des informations sur les réserves dans l'annexe du rapport financier des sociétés (booked reserves). Les chiffres donnés concernent les réserves prouvées, c'est-à-dire celles qui correspondent aux quantités d'hydrocarbures que l'on estime comme « raisonnablement certaines » de pouvoir récupérer de façon économique à partir des réservoirs connus et dans les conditions techniques et économiques d'aujourd'hui.

Les réserves de liquides (huiles + liquides de gaz naturel) sont séparées des réserves de gaz. Les unités sont le million de barils (Mb) pour les liquides et le milliard de pieds cubes (billion of cubic feet) pour le gaz. La conversion se fait sur la base de l'équivalence énergétique et chaque compagnie utilise son propre ratio en fonction de la qualité de son gaz. Les valeurs varient entre 5300 et 6000 Ft^3 /b.

Les variations de ce montant des réserves d'une année sur l'autre doivent être réparties selon six catégories :

1. Les révisions qui résultent d'une meilleure connaissance des réservoirs (grâce à un forage de développement supplémentaire, etc.) ou d'une modification de l'environnement économique ;
2. La récupération assistée, secondaire ou tertiaire (injection d'eau, de gaz associé, de vapeur, de gaz inerte, etc.) ;
3. Les extensions et découvertes, résultant de l'exploitation d'une zone vierge ou de la délinéation en dehors du périmètre des réserves prouvées.
4. Des acquisitions de réserves prouvées ou d'actifs reçus lors d'un échange (swap)
5. Des cessions de réserves prouvées ou d'actifs cédés lors d'un échange ;
6. De la production de l'année.

2.1.2.2. Les Réserves et le système fiscal et contractuel

Pour un comptable pétrolier, la notion de réserves est très éloignée de la réalité physique des volumes d'hydrocarbures découverts.

Tout d'abord, seules existent à ses yeux les réserves prouvées, les réserves probables ou possibles lui paraissant trop incertaines. Il ne considère donc que le côté déterministe des réserves en oubliant qu'une partie des réserves probables et possibles pourra entrer dans la catégorie des réserves prouvées. De plus il tiendra compte du système fiscal appliqué aux productions des réserves considérées afin de déterminer le montant des réserves qu'il est possible d'inscrire dans l'annexe du bilan. Ainsi, selon qu'il s'agit d'un système de concession ou de partage de production, la compagnie ne sera pas en droit de comptabiliser le même montant.

2.1.3. Amortissements et provisions

Nous abordons ainsi l'amortissement à l'unité de production recommandé par la SEC et la FASB pour les investissements de l'amont pétrolier dans les comptes consolidés. Nous pencherons ensuite sur le cas particulier de l'amortissement des projets en cours de développement (slot ration et réserve ratio) et traiterons enfin des provisions pour remise en état des sites.

2.1.3.1. Amortissement à l'unité de production

Cette méthode d'amortissement considère que l'usure est proportionnelle à la production générée par l'outil de travail. Dans le cas de l'exploration – production, celui-ci n'est pas l'installation de production, mais le montant des réserves d'hydrocarbures. Les investissements sont donc amortis au rythme de la consommation (ou déplétion) des réserves.

Le calcul du taux d'amortissements (ou taux de déplétion) s'effectue par la formule suivante :

Taux d'amortissement = production d'hydrocarbures du champ année n / production de l'année n+ réserves au 31.12 de l'année n.

Les réserves considérées sont les réserves prouvées mais, selon les dépenses il est nécessaire de faire la distinction suivante :

- Coût d'acquisition des permis : amortissement sur les réserves prouvées développées et non développées ;
- Forages d'exploration capitalisés et coûts de développement : amortissement sur les réserves prouvées développées.

On multiplie la base amortissable, ou actif immobilisé net, par ce taux afin d'obtenir le montant de la dotation aux amortissements.

Le tableau 1.3 donne le profil d'amortissement obtenu sur la base d'un investissement de développement de 100M de dollars et de réserves prouvées développées initiales de 100Mb. On suppose ici que les réserves ne sont pas réévaluées au cours du temps.

Amortissements à l'unité de production

Production (Mb)	N	n+1	n+2	n+3	n+4	n+5	n+6	n+7	n+8	n+9	Total
	10	20	20	15	10	7,5	7	5	3,5	2	1000
réserves au 31.12 (Mb)	90	70	50	35	25	17,5	10,5	5,5	2	0	
taux de déplétion	10	22,2	28,6	30	28,6	30	40	47,6	63,6	100	
Investissements (M dollars)	100										
immobilisations nettes au 31.12 * (M dollars)	90	70	50	35	25	17,5	10,5	5,5	2	0	
dotation aux amortissements	10	20	20	15	10	7,5	7	5	3,5	2	100
dotation aux amortissements (M dollars)	1	1	1	1	1	1	1	1	1	1	

* les immobilisations nettes au 31.12 de l'année n sont égales aux immobilisations nettes au 31.12 de l'année n-1, augmentées des investissements de l'année n et diminuées de la dotation aux amortissements de cette même année.

On observe sur cet exemple que le montant de l'amortissement varie fortement au cours du temps, mais qu'il est constant en dollars/b. En pratique, l'exercice se révèle un peu plus complexe car, en fait le montant estimé des réserves est soumis à des variations constantes et il sera donc nécessaire d'intégrer ces modifications dans le calcul. Ces variations résultent non seulement de la production, mais également des réévaluations successives, liées notamment à une meilleure connaissance du gisement à la suite de nouveaux investissements. Ainsi une partie des réserves probables va se transformer en réserves prouvées (les réserves prouvées ayant, il fine environ 90% de chances d'être dépassées).

Ces variations peuvent également résulter de changements de l'environnement économique modifiant le caractère rentable d'une production, soit en obligeant la compagnie à stopper la production plus tôt que prévu, ou au contraire, en permettant sa prolongation. Or, n'oublions pas que les réserves ne sont que la somme des productions annuelles depuis la première année de production jusqu'à la dernière.

Amortissements à l'unité de production

production (Mb)	N	n+1	n+2	n+3	n+4	n+5	n+6	n+7	n+8	n+9	Total
	10	20	20	15	10	7,5	7	5	3,5	2	100
réserves au 31.12 (Mb)	40	45	50	35	25	17,5	10,5	5,5	5	0	
taux de déplétion	20	30,8	28,6	30	28,6	30	40	47,6	63,6	100	
Investissements (M dollars)	100										
immobilisations nettes au 31.12 * (M dollars)	80	55,4	39,6	27,7	19,8	13,8	8,3	4,4	1,6	0	
dotation aux amortissements	20	24,6	15,8	11,9	7,9	5,9	5,5	4	2,8	1,6	100
dotation aux amortissements (M dollars)	2	1,2	0,8	0,8	0,8	0,8	0,8	0,8	0,8	0,8	1

2.1.3.2. Slot ratio/réserve ratio des projets en cours de développement

Un problème se pose en ce qui concerne les installations de développement utilisées pour produire des réserves dont une partie est déjà développée et une autre reste à l'être. Par exemple, une plate – forme de production en mer prête au démarrage alors que les puits de développement restent à forer, ou bien un gisement satellite mis en production à partir d'installations mises en place pour le gisement principal constitue des cas typiques de ce genre de situation.

Il est alors possible d'appliquer un abattement sur la valeur des installations à amortir, afin de rendre cohérents le montant des amortissements et le volume des réserves attachées aux investissements afférents. On peut utiliser comme coefficient d'abattement :

v Soit le slot ratio, qui permet de calculer la partie des investissements à amortir en fonction du nombre de puits réalisés par rapport au nombre total de puits prévus :

v **Slot ratio = nombre de puits réalisés / nombre total de puits prévus**

v Soit le réserve ratio, qui détermine le coefficient d'utilisation des installations à partir des estimations de réserves prouvées développées par rapport à l'ensemble des réserves prouvées :

Reserve ratio = réserves prouvées développées / réserves prouvées.

Ces deux définitions conduisent à des chiffres différents comme le montre l'exemple suivant :

v Une plate-forme de production en mer est construite pour un coût de 100M de dollars ;
v Un forage d'exploitation et deux forages d'appréciations ont été forés avant le développement pour un coût total de 20M de dollars ;
v Le nombre des puits de développement prévus s'élève à 22 ;
v Le total des réserves prouvées se chiffre à 30Mb ;
v Au 31 décembre 2000, trois forages de développement ont été réalisés ;
v Le démarrage de la production s'effectue en 2000 avec une production de 500 000 b ;
v Les réserves développées au 31 décembre 2000 totalisent 5Mb, soit 5.5Mb à l'origine en tenant compte de la production de l'année 2000.

Les investissements s'élèvent donc à 120M de dollars (forage d'exploration positif, forage d'appréciation et plate – forme de production). Ils ont permis la découverte et la mise en place d'une structure pour la totalité du gisement. Cependant, comme seule une partie des réserves a été développée, seule une partie de ces investissements sera amortie :

- Sur la base des puits forés, le slot ratio est égal à :

Puits forés / puits prévus = **3/22 = 13.6%, soit 13.6% x 120 = 16.4M dollars**

- Sur la base des réserves, le réserve ratio est de :

Réserves développées / réserves totales = **5.5/30 = 18.3%, soit 18.3% x120 = 22M** dollars

Les dépenses d'investissement ajustées par un de ces deux ratios sont ensuite amorties à l'unité de production sur la base des réserves prouvées développées.

2.1.3.3. Provision pour remise en état des sites

Ces dépenses concernent les coûts estimés de démontage, d'abandon et de restauration du site diminués de la valeur estimée des coûts de récupération du matériel. Elles sont généralement effectuées en fin de vie du gisement et ne peuvent donc pas être amorties sur les productions futures. On anticipe donc l'impact de ces coûts sur les résultats consolidés en passant des provisions pour remise en état des sites (en vertu du principe comptable de prudence).

La base de calcul de la provision est l'estimation des coûts futurs d'abandon aux conditions de l'année d'estimation, déduction faite des provisions d'abandon déjà constituées. Les solutions adoptées varient d'un pays à l'autre mais l'une des plus pragmatiques est de constituer cette provision au rythme de la déplétion. On applique alors à ce montant net le même taux de déplétion que celui calculé pour l'amortissement des installations de production, sur la base des réserves prouvées développées.

On peut rencontrer des calculs de provision de ce type dans les comptes sociaux ou fiscaux avec des règles différentes, par exemple, lorsque les provisions sont constituées uniquement à partir d'un certain pourcentage de réserves produit.

2.1.4. Informations complémentaires sur l'activité hydrocarbures dans l'annexe du bilan

L'information est répartie en six rubriques (non auditées)

1. Coûts capitalisés en exploration – production d'hydrocarbures (capitalized costs related to oil and gas producing activities)
2. Coûts encourus en exploration, acquisitions et développement (costs incurred in exploration, property acquisition and development).
3. Résultat des opérations de production d'hydrocarbures (results of operations for oil and gas producing activities).
4. Les réserves (reserve quantity information).
5. Mesure standard des cash flows futurs actualisés (standardized measure of discounted future net cash flows related to proved oil and gas reserves).
6. Changements dans la mesure standard des cash flows futures actualisés (changes in the standardized measure of discounted future net cash flows).

CHAPITRE 2
COMPTABILISATION DES COÛTS PÉTROLIERS

2.2.1. Principes

La comptabilisation des coûts pétroliers tient aux principes d'acceptation des coûts dictés par la procédure comptable, annexe au contrat de partage de production. Cette annexe définit les règles de reconnaissance et de récupération des dépenses à imputer aux coûts pétroliers.

2.2.1.1. Comptabilisation des actifs immobilisés

Les actifs corporels construits, fabriqués, créés ou réalisés par le contracteur dans le cadre des Travaux Pétroliers et effectivement affectés à ces Travaux Pétroliers sont comptabilisés au prix de revient de construction, de fabrication, de création ou de réalisation. Il convient de noter que certaines opérations de gros entretien devront figurer dans les actifs, conformément aux pratiques habituelles du contracteur, et être comptabilisées comme indiqué ci-dessous.

Les équipements, matériels et matières consommables nécessités par les travaux pétroliers et autres que ceux visés ci-dessus, sont:

v Soit acquis pour utilisation immédiate, sous réserve des délais d'acheminement et, si nécessaire, d'entreposage temporaire par le contracteur (sans, toutefois, qu'ils aient été assimilés à ses propres stocks). Ces équipements, matériels et matières consommables acquis par le contracteur sont valorisés, pour imputation aux coûts pétroliers, à leur prix rendu à pied d'œuvre (prix rendu

Etat). Le prix rendu Etat comprend les éléments suivants, imputés selon les méthodes analytiques du contracteur:

- le prix d'achat après ristournes et rabais,
- les frais de transport, d'assurance, de transit, de manutention et de douane (et autres impôts et taxes éventuels) depuis le magasin du vendeur jusqu'à celui du contracteur ou jusqu'au lieu d'utilisation, selon le cas, et, lorsqu'il y a lieu, les frais de fonctionnement du magasin du contracteur incluant l'amortissement des bâtiments calculé sur le coût de gestion du magasin, les frais des services d'approvisionnement locaux et, le cas échéant, hors Etat.

v Soit fournis par une des entités composant le contracteur à partir de ses propres actifs :

- Les équipements et matériels neufs, ainsi que les matières consommables, fournis par une des entités constituant le contracteur à partir de ses propres actifs ou de ceux de ses autres activités sont valorisés, pour imputation, au dernier prix de revient moyen pondéré calculé conformément aux dispositions du paragraphe ci-dessus.
- Les matériels et équipements amortissables déjà utilisés fournis par une des entités constituant le contracteur à partir de ses propres stocks ou de ceux de ses autres activités, y compris celles de ses sociétés affiliées, sont valorisés, pour imputation aux coûts pétroliers, d'après le barème ci-après:

✓ Matériel neuf (Etat "A)

Matériel neuf qui n'a jamais été utilisé: 100% (cent pour cent) du coût net correspondant au dernier prix de revient moyen pondéré.

✓ Matériel en bon état (Etat "B") :

Matériel d'occasion en bon état et encore utilisable dans sa destination initiale sans réparation: 75% (soixante-quinze pour cent) du coût net du matériel neuf.

✓ Autre matériel usagé (Etat "C"):

Matériel encore utilisable dans sa destination initiale, mais seulement après réparation et remise en état: 50% (cinquante pour cent) du coût net du matériel neuf.

✓ Matériel en mauvais état (Etat "D") :

Matériel non utilisable dans sa destination initiale, mais qui est utilisable pour d'autres services: 25% (vingt-cinq pour cent) du coût net du matériel neuf.

✓ Ferrailles et rebuts (Etat "E") :

Matériels hors d'usage et irréparable: prix courant des rebuts.

La valeur des équipements et matériels fournis par une des entités constituant le contracteur à partir de stocks appartenant à une association extérieure aux Travaux Pétroliers est déterminée selon les dispositions contractuelles régissant ladite association.

2.2.1.2. Comptabilisation des charges de personnel

Dans la mesure où les charges correspondent à un travail et à des services effectifs et où elles ne sont pas excessives eu égard à l'importance des responsabilités exercées, au travail effectué et aux pratiques habituelles, ces dépenses couvrent tous les paiements effectués ou charges encourues à l'occasion de l'utilisation et de l'environnement du personnel travaillant dans l'Etat pour la conduite et l'exécution des Travaux Pétroliers ou pour leur supervision. Ce personnel comprend les personnes recrutées localement par le contracteur et celles mises à la disposition de celui-ci par ses sociétés affiliées ou des tiers;

Les dépenses de personnel et d'environnement comprennent, d'une part, toutes les sommes payées ou remboursées ou encourues au titre du personnel visé ci-dessus, en vertu des textes légaux et réglementaires, des conventions collectives, des contrats de travail et du règlement propre au contracteur et, d'autre part, les dépenses payées ou encourues pour l'environnement de ce personnel, notamment:

- Les salaires et appointements d'activité ou de congé, heures supplémentaires, primes et autres indemnités suivant les réglementations internes en vigueur ;
- Les charges patronales y afférentes résultant des textes légaux et réglementaires, des conventions collectives et des conditions d'emploi, y compris le coût des pensions et retraite;
- Les dépenses payées ou encourues pour l'environnement du personnel; celles-ci représentent, notamment :

i. les dépenses d'assistance médicale et hospitalière, d'assurance sociale et toutes autres dépenses sociales particulières au contracteur, notamment liées à la scolarité dans l'Etat des enfants de son personnel et aux œuvres sociales, suivant les réglementations internes en vigueur ;

ii. les dépenses de transport des employés, de leur famille et de leurs effets personnels, lorsque la prise en charge de ces dépenses par l'employeur est prévue par le contrat de travail ;

iii. les plans de préretraite, de retraite et de réduction de personnel en proportion de la durée de l'affectation dudit personnel aux travaux pétroliers,

iv. les dépenses de logement du personnel, y compris les prestations y afférentes, lorsque leur prise en charge par l'employeur est prévue par le contrat de travail (eau, gaz, électricité, téléphone),

vi. les dépenses afférentes au personnel administratif rendant les services suivants: gestion et recrutement du personnel local, gestion du personnel expatrié, formation professionnelle, entretien et fonctionnement des bureaux et logement, lorsque ces dépenses ne sont pas incluses dans les frais généraux ou sous d'autres rubriques ;

vii. les frais de location des bureaux ou leur coût d'occupation, les frais des services administratifs collectifs (secrétariat, mobilier, fournitures de bureau, informatique, télécommunications, etc...) ;

viii. les frais de formation assurée par le contracteur à l'Etat ou à l'étranger par son personnel ou par des tiers.

2.2.1.3. Les Services extérieurs

Les services rendus par les Tiers, y compris par les parties, sont imputés à leur prix de revient comptable pour le contracteur, c'est à dire au prix facturé par les fournisseurs, y compris tous droits, taxes et charges annexes éventuels; les prix de revient sont diminués de tous rabais, remises, ristournes et escomptes obtenus par le contracteur, soit directement, soit indirectement.

2.2.1.4. Les Services des Sociétés Affiliées

a/ Les Services spécifique

Le contracteur peut demander à toute Société Affiliée de fournir des services professionnels, techniques ou autres spécifiques qui ont été inclus dans le programme de travaux et dans le budget et qui ne sont pas couverts par les honoraires pour les services mentionnés ci-après.

Le coût des services techniques et professionnels fournis par les employés de l'une quelconque des sociétés affiliées du contracteur, tant à l'intérieur qu'à l'extérieur de l'Etat, qui consistent notamment en salaires, appointements, charges salariales des employés qui fournissent ces services, en une quote-part du coût des matériels, équipements et installations qui sont mis à disposition à l'occasion de ces prestations, ainsi que les frais généraux y afférents.

Ces coûts sont déterminés selon les méthodes habituelles en coûts complets des sociétés affiliées du contracteur ; ils seront imputés conformément aux pratiques comptables habituelles des sociétés affiliées sur la base de facturations justifiées par des relevés d'unités d'œuvre (les unités d'œuvre utilisées pour évaluer et facturer l'assistance technique correspondent à des temps agents et des unités de comptes spécifiques en ce qui concerne certaines prestations; de manière générale, ces unités d'œuvre sont imputées par saisie individuelle après validation hiérarchique).

Les imputations couvriront les services fournis notamment dans les domaines suivants:

Ingénierie, géologie, géophysique, forage et production, gisement et étude des réservoirs, études économiques, rédaction, comptabilité, finance, montage et gestion des financements, trésorerie, fiscalité, droit, relations avec le personnel et formation, gestion, direction, traitement de données et achats, transit, contrats techniques, dessin.

b/ Les Services, conseils et assistance techniques généraux

Le contracteur passera des honoraires pour services au débit des comptes au titre des coûts de services, conseils et assistance techniques généraux, y compris une contribution au paiement du coût des travaux de recherche et des travaux de développement, à des taux calculés pour récupérer les coûts effectifs (sans profit) de tous les services, conseils et assistance techniques généraux mis à la disposition du contracteur en vertu d'un contrat de services passé entre l'opérateur et toute société affiliée, relatif aux Travaux Pétroliers; un exemplaire du contrat et de toutes les modifications apportées à celui-ci sera mis à la disposition du Etat.

c/ Imputation des comptes de charges

Peuvent être portés au débit des comptes de charges et pertes par nature toutes les charges, pertes et frais, qu'ils soient effectivement payés ou simplement dus, relatifs à l'année civile concernée, à condition qu'ils soient justifiés et nécessités par les besoins des Travaux Pétroliers et qu'ils incombent effectivement au contracteur, à l'exclusion de ceux dont l'imputation n'est pas autorisée par les stipulations du Contrat.

d/ Imputation des comptes de produits

Doivent être portés au crédit des comptes de produits et profits par nature, les produits de toute nature, liés aux travaux pétroliers, qu'ils soient effectivement encaissés ou exigibles par le contracteur.

2.2.2. Traitement comptable des coûts des pétroliers

La comptabilisation des informations pétrolières se fait selon l'ordre chronologique du déroulement de l'activité.

2.2.2.1. Production

Les champs en exploitation donnent lieu à un stockage de production. A la réception des **bilans matières** transmis par l'opérateur, la comptabilisation de la production stockée se fait comme suit :

D : 36 Stock d'Hydrocarbure *C : 736 Production Stockée d'Hydrocarbure*	X°= Redevance Minière + Cost Oil + Tax Oil + Profit Oil

La production est la base de toute répartition, ainsi les bilans matières doivent faire l'objet de tous les contrôles arithmétiques, des analyses au vu des contrats de partage de production et autres contrôles de cohérence.

Cette production est imputée conformément au pourcentage de la société non opératrice dans le contrat.

2.2.2.2. Redevance

Elle constitue une dette fiscale contractuelle imputée à la source sur la production. Le paiement de ce droit est fait par cession de production, un déstockage est effectué.

D : 736 Variation de Stock d'Hydrocarbure *C : 36 Production Stockée d'Hydrocarbure*	*DESTOCKAGE DE PRODUCTION*
D : 4478 Etat Autres Impôts et Contribution *C : 7021 Cession de Production d'HC*	*CESSION DE PRODUCTION*
D : 6411 Redevance minière *C : 4478 Etat Autres Impôts et Contributions*	*CONSTATATION DE LA CHARGE*

En effet le passage d'un compte de cession de production à un compte de charge n'est pas commode aux principes comptables, d'où l'utilisation d'un compte de tiers transitoire pour la comptabilisation de la charge de la redevance.

2.2.2.3. Remboursement comptes avances (Cost-oil)

La société non opératrice qui a fait l'objet du portage, doit rembourser les comptes avances sur la base d'une cession de production. Les montants avancés sont majorés des intérêts qui courent de la date de décaissement à celle de remboursement.

Ecriture comptable :

D : 736 Variation de Stock d'Hydrocarbure *C : 36 Production Stockée d'Hydrocarbure*	*DESTOCKAGE DE PRODUCTION*
D : 4711 Comptes avances *C : 7021 Cession de Production d'HC*	*CESSION DE PRODUCTION COST OIL*

2.2.2.4. La tax-Oil

Comme la Redevance minière, la Tax oil constitue une dette fiscale qui occasionne une cession de production.

Ecriture Comptable

D : 736 Variation de Stock d'Hydrocarbure
C : 36 Production Stockée d'Hydrocarbure
} *DESTOCKAGE DE PRODUCTION*

D : 4421 TAX OIL
C : 7021 Cession de Production d'HC
} *CESSION DE PD° TAX OIL*

Il est prévu un transfert de compte à compte de la Tax oil dans les comptes 89 en guise d'impôts sur les sociétés dans la mesure où elle serait prouvée comme étant un acompte de l'Impôt sur les Société.

2.2.2.5. Profit Oil

Le Profit Oil est la relâche en baril de la production après retenue ou prélèvement de l'ensemble des engagements contractuels de départ.

Cette production restante après déduction des engagements fera l'objet d'un transfert en interne dans les comptes de facturation. Aucun déstockage n'est relevé pour cette opération. Un compte de liaison est utilisé pour ce transfert en comptabilité facturation de ces stocks.

Ecriture Comptable :

D : 181000 TRRT Profit Oil en Facturation
C : 36 Profit Oil Commercialisable
} *DESTOCKAGE DE PRODUCTION*

2.2.2.6. Le traitement des Travaux d'Exploration et de Développement :

L'exploration est constituée de l'ensemble des procédés de Recherches. Ces recherches engendrent des coûts liés à des études de prospection dans lesquels s'effectuent l'analyse des compositions des terrains, l'utilisation de la sismique 3D et des explosions contrôlées et des échantillonnages par carottage.

- Coût d'exploration

D : 211 Coûts d'exploration *D : 211 Intérêts sur Coûts d'exploration* *C : 4711 Compte d'avance Partenaire*	*Comptabilisation des coûts et opération de portage*
D : 231 Coûts de Développement *D : 231 Intérêts sur Coûts de Développement* *C : 4711 Compte d'avance Partenaires*	*Comptabilisation des coûts et opération de portage*

Ou par la contrepartie des comptes de trésorerie en cas de non portage, financement direct.

Cette comptabilisation tient compte du plan comptable OHADA. Elle est calquée sur la méthode du full **cost, mais les puits secs d'exploration sont à imputer en charge comme dans la méthode des successful efforts.**

2.2.2.7. Traitement des Travaux d'exploitation

Les travaux d'exploitation englobent les coûts générés par :

v Les modes d'extraction

- Remontée naturelle, injection d'air ou d'eau, techniques avancées pour récupérer les produits les plus lourds ;
- Techniques extrêmes pour optimiser la production ;

- Chauffage et lavage de sable bitumineux.

v Le transport

- Construction Oléoduc
- Frais sur Tanker
- Frais sur cargo pétrolier
- Terminaux pétroliers

v Les dépenses pour Sous-produits : gaz naturel-torchère/liquéfaction

v Le Stockage à terre avant raffinage

v Les accidents et catastrophes.

A ces travaux, sont ajoutées les charges non opérationnelles qui intégrèrent de manière indirecte l'exploitation.

D : 611 Coûts d'exploitation *C : 4711 Compte d'avance Partenaires ou 5*	}	*Comptabilisation des coûts*

PARTIE III

AUDIT DES CP

CHAPITRE 1
PHASE PRÉLIMINAIRE

3.1.1. Préparation et revue des contrats de base

Le contrôle légal des comptes joue un rôle important dans la fiabilité et la crédibilité du contracteur.

Ainsi, l'audit vise au contrôle des pratiques et des données financières et comptable de l'entreprise par référence à des normes. Il peut se faire par deux organes distincts (internes et externes) afin d'assurer l'intégrité du patrimoine de la société.

L'audit des CP nécessite une importante compréhension par l'auditeur du système d'information lié au fonctionnement de la société pétrolière. En pratique il implique:

- Une connaissance du plan comptable (règles de comptabilité généralement utilisées dans l'industrie pétrolière et procédure comptable);
- Une maitrise du fonctionnement de la Comptabilité Analytique ; Elle permet d'affecter les coûts et repartir les charges communes sur la base des clefs de répartition.
- Les techniques de passage vers les états de coûts pétroliers conjoints ;
- La Maîtrise des différences entre les principes des comptes sociaux et l'accord comptable et si possible les principes Groupe.

Dans le contrôle qu'effectue l'auditeur, il est essentiel de partir des états proposés et remonter aux grands livres de bases qui justifient ces états :

- Justificatifs de chaque pièce

- Justificatifs de chaque affectation / calcul analytique / taux

Les informations fournies par l'entité peuvent être de nature physique (document papier) ou électronique (informatique). Ce qui permet de mieux comprendre le système d'information, de retrouver facilement une information et de gagner du temps.

L'entité (filiale: une société non opératrice), pour simplifier son système d'information, peut utiliser comme référentiel, le même que celui du groupe.

Au cas où une interprétation est possible, il favorisera :

- celle qui lui rapporte le plus,
- celle qui améliore son résultat Groupe
- celle qui correspond à ses principes Groupe.

Quel est le cadre contractuel ?

- Droits et devoirs de l'auditeur
- Délai de l'audit
- Lancement
- Réalisation
- Conclusion

Le cadre contractuel doit se baser sur :

Les droits et devoirs de l'auditeur dans l'exécution de ses tâches par lesquels il faudrait considérer :

- Le droit d'audit permanent de tout document, ce droit est limité chez la société non opératrice, car celle-ci ne reçoit que les états de cohérence et de récupération des coûts transmis par l'opérateur, les factures de base sont gardées et ne sont pas transmises systématiquement.
- L'Audit de la phase de recherche
- Le droit d'audit de chaque phase de recherche (au plus tard six mois après ladite phase)
- Le droit d'audits annuels lors de l'exploitation

- Les coûts de l'audit sont supportés par l'opérateur et font partie du cost oil

Le délai de l'audit (attribution du permis – abondant du champ)

- A partir du lancement (notification 15 j avant, audits annuels)
- Jusqu'à la réalisation (prescription de 5 ans pour le CPP, 2 ans pour les CA)

Le droit d'audit dont dispose la société non opératrice de contrôler les comptes de la société opératrice conformément au contrat d'association et à l'accord comptable ne revient pas directement aux commissaires aux comptes qui interviennent dans le cadre de la mission légale qu'aux contrôles des pièces mises à leur disposition auprès de la non-opératrice.

Le passage d'une phase à une autre est matérialisé par l'octroi d'une autorisation exclusive délivrée par le gouvernement.

Cependant, l'objectif d'un contrôle des coûts pétroliers demeure dans l'établissement d'une base d'évaluation des différents types de coûts qui pourraient servir d'input aux études économiques et au mécanisme de remboursement des investissements dans le cadre de la récupération des coûts.

Cette phase nécessite de faire une revue approfondie des documents et une analyse du système d'information :

- v Phase d'analyse des contrats (contrat d'audit, contrat pétrolier, etc.) et détermination des risques d'audit associés;
- v Analyse du Système d'Information de l'opérateur influençant les coûts pétroliers et détermination des risques d'audit associés;
- v Revue des rapports précédents sur l'opérateur
- v Revue des états des coûts pétroliers déjà obtenus

- revue analytique générale
- benchmarking et ratio

v Conclusion sur les risques et les principaux points à suivre

v Définition d'un programme de travail

v Contrat liant les sociétés pétrolières à l'Etat, y compris de la procédure comptable qui y est habituellement annexée;

- Règles d'intervention de l'audit;
- Répartition des revenus entre l'Etat et l'associé;
- Règles de valorisation des quantités produites;
- Éléments de répartition des coûts;
- coûts constitutifs des coûts pétroliers déductibles;
- règles de fiscalité;
- Calculs de la Redevance (RM)

v Identification des décisions et imprécisions créant les conditions de différences d'interprétation entre l'Etat et l'opérateur et conduisant à des ajustements d'audit

v Nature du prix utilisé pour valoriser les quantités produites avec l'utilisation éventuelle de clauses en cas de prix bas ou de prix élevé ;

v Séparation entre les natures de dépenses (exploration, appréciation, développement) et impact sur les comptes en particulier sur les frais financiers ;

v Organisation générale et comptable de l'entité auditée

v Cartographie des flux, applications et fonctionnalités des applications, tests si possible;

v Prise de connaissance des : principes comptables généralement utilisés dans l'EP (SFAS 19,69 ...), des règles comptables édictées par le contrat, et des règles comptables OHADA;

- Suivi des exceptions des exercices précédents et de leur négociation ;
- Identification des risques ;
- Mise à jour des programmes de travail;

3.1.2. Revue des états de coûts pétroliers

- Budgets des coûts (Recherche/exploration, développement, exploitation);
- Etats de production (déclarations de productions) et partage de production (mensuels, trimestriels);
- Etats de valorisation de la production et des prix appliqués (CPP, ou lors de l'appel de fonds redevance ou la liquidation de la redevance) ;
- Factures, notes de débits trimestrielles
- Etats de liquidation de la redevance minière (CA)
- Etats des dépenses et des revenus (trimestriels, CPP)
- Etats de synthèse des comptes clôturés en fin d'année (CPP)
- Analyse des écarts (budgets/réalisations);
- Revue analytique globale ;
- Benchmarking et ratios ;
- Analyse des écarts (budgets/réalisations);

CHAPITRE 2
CONTRÔLE DES COÛTS PAR NATURE

3.2.1. Exploration

Le contrôle des coûts d'exploration s'effectue au niveau du puits :

ν Identification du centre analytique de chacun des puits concernés : les références du puits sont en général incorporées dans le code analytique. Ex: puits n° 1 foré dans le bloc 64 (sous bloc 12); le code analytique se présenterait comme suit : 64121.

ν Identification des coûts incorporables au puits

ν Structure des coûts de forage :

ν Daily costs:

- Rig Rental (locations de plateformes)
- Salary costs (salaires équipages)
- Cementing services (sous-traitant réalisant les travaux de coulage de béton)

ν Footage costs

- Mud costs (fluides de forage)
- Cement (coulages de béton)
- Drilling bits (instruments de forages)
- Casing costs (tubage)

ν Other costs:

- Site preparation (préparation du site)
- Site surveys (études préliminaires)

Procédures d'examen analytique et tests d'audit

ν Examen analytique:

- Analyse des écarts

• Analyse de performance (mètres forés par jour, coût par mètre foré, etc.)

v Contrôle :
• Obtention des détails par nature (sélection)
• Rapprochement de chaque nature de coût avec le grand livre analytique
• Pointage des montants avec pièces justificatives

3.2.2. Développement/Constructions

Types de coûts :
v Matériels et fournitures consommés dans la fabrication des composants:
v Equipements (pompes, compresseurs, générateurs, etc.)
v Main d'œuvre directe
v Coûts indirects : mandays clearance (MO), facility clearance for boat and helicopters (tournées d'hélicoptère), etc.

Tests de détails :
v Examen analytique (plus important) :
• Basés sur les budgets approuvés
• Analyse des écarts (forecast costs and incurred costs vs. approved costs, currency of expenditure to measure exchange rate effect, etc.);
• Explication des écarts

v Contrôles (résiduels) :
• Obtention des détails analytiques
• Analyse des coûts incorporés
• Obtention des pièces justificatives sur la base d'un échantillon de dépenses

3.2.3. Exploitation / production

Types de coûts :

v Coûts directs :

- Frais de personnel technique
- Consommables et pièces de rechange
- Services sous-traités (standby vessels, insurances, catering, equipment hire, telecommunications, contract labour, etc)
- Coût des gros entretiens
- Frais de siège (Parent Company Overhead[6])

Tests de détails :

v Examens analytiques :

- Coûts de production unitaires;
- Comparaison avec les autres installations (fields at same stage of maturity, platform built in same area, economy of scale arising from multi venture operations
- Ratios coûts indirects/coûts directs
- Ratios frais généraux/coûts de production
- Obtention des détails par nature (sélection)
- Rapprochement de chaque nature de coût avec le grand livre analytique
- Pointage des montants avec pièces justificatives

[6] PCO.

PARTIE IV

LIMITATIONS ET PROPOSITIONS

CHAPITRE 1
LIMITATIONS

Nos critiques se fondent sur les limitations relevées dans la procédure de comptabilisation et dans l'audit des coûts pétroliers chez le non opérateur.

4.1.1.Limitations liées à la comptabilisation des coûts pétroliers de la société non opératrice

L'accord comptable, annexe au contrat d'association fait obligation à l'opérateur de fournir les états de coûts pétroliers aux non opérateurs, car chaque société est responsable de la tenue de sa comptabilité, de ses obligations fiscales et sociales. Cependant, cet accord comptable prévoit la transmission des états de coûts pétroliers, mais, cette transmission ne porte pas sur les bons de commande, factures, contrats, bons de livraisons et autres documents nécessaires comme les times sheets. Sur ce, nous avons relevé les difficultés dans la comptabilisation de certains postes :

v La comptabilisation d'une acquisition d'immobilisation sans facture de base et informations précises ne pourra pas faciliter la bonne écriture comptable, car les acquisitions des actifs immobilisés peuvent être :

- Les équipements et matériels neufs, donc valorisés en fonction de tous les éléments d'achat et les frais accessoires d'achat.
- Les matériels et équipements amortissables déjà utilisés fournis par une des entités constituant le Contracteur à partir de ses propres actifs ou de ceux de ses autres activités, y compris celles de ses Sociétés Affiliées sont

valorisés, pour imputation aux Coûts Pétroliers, d'après le barème ci-après:

✓ Matériel neuf (Etat "A)

• Matériel neuf qui n'a jamais été utilisé: 100% (cent pour cent) du coût net correspondant au dernier prix de revient moyen pondéré, donc valorisés en fonction de tous les éléments d'achat et les frais accessoires d'achat.

✓ Matériel en bon état (Etat "B") :

• Matériel d'occasion en bon état et encore utilisable dans sa destination initiale sans réparation: 75% (soixante-quinze pour cent) du coût net du matériel neuf.

✓ Autre matériel usagé (Etat "C"):

v Matériel encore utilisable dans sa destination initiale, mais seulement après réparation et remise en état: 50% (cinquante pour cent) du coût net du matériel.

v Les charges du personnel **:**

La comptabilisation des charges du personnel administratif pose le problème de la répartition analytique des coûts, certains opérateurs disposent du personnel qui gère à la fois plusieurs permis, les coûts administratifs doivent être affectés dans le compte commun de chaque contrat d'association.

Les non opérateurs comptabilisent une partie des charges en fonction de leur part dans l'association. Cette imputation comptable est limitée ou manque d'analyse sur le fait que les non opérateurs n'ont pas de détail exhaustif sur l'affectation, le calcul et la clef de répartition des charges sur plusieurs permis dans le cas où l'opérateur est dans plusieurs associations.

v Les services extérieurs et les charges des sociétés affiliées

Ces charges sont comptabilisées dans le compte commun par l'opérateur sur la base des contrats signés avec les intermédiaires dont la plupart sont les sociétés affiliées ou filiales de l'opérateur. Ces contrats sont signés souvent avec des clauses particulières et spécifiques, et les non opérateurs doivent tenir compte dans leur comptabilisation de ces clauses qui peuvent impacter les comptes.

v La comptabilisation des intérêts de portage

La plupart des non opérateurs se font porter lors des appels de fonds, et ces sociétés portées ont dû mal à comptabiliser les écritures des frais liés aux intérêts de portage correctement. Elles tiennent seulement compte du reporting des intérêts du compte avance fourni par l'opérateur, alors qu'elles devraient être informées de la date du décaissement effectif, et commencer à calculer les intérêts à partir de cette date.

La comptabilisation des coûts pétroliers dans les comptes de non opérateurs sur la base des états de reporting comporte des insuffisances sur plusieurs aspects.

v L'assistance générale (« Assistance Générale ») destinée à couvrir la part équitable des frais de direction générale et administrative du groupe de l'Opérateur. Cette assistance générale est imputable aux coûts pétroliers par application des barèmes qui varient selon les contrats, par exemple :

- (4 %) des coûts pétroliers correspondant aux Travaux de Recherche
- pour les travaux correspondant aux Travaux de Développement, Exploitation et Abandon de l'exercice en cours :

✓ (3 %) sur la tranche de 0 à (5.000.000) US Dollars ;

✓ (2%) sur la tranche de (5.000.000) à (9.000.000) US Dollars ;

✓ (1%) sur la tranche au-delà de (9.000.000) US Dollars.

Cette assistance est liée à des contrats signés pour la plupart des cas entre l'opérateur et sa maison mère, et les non opérateurs ne disposent pas souvent d'une documentation suffisante.

4.1.2. Limitations liées à l'audit des coûts pétroliers de la société non opératrice

Le contrat d'association prévoit un droit d'audit au non opérateur moyennant un préavis de soixante (60) jours adressé par notification à l'opérateur et aux autres non opérateurs. Ce droit d'audit s'exerce une fois pour tout ou partie d'année civile dans un délai de vingt-quatre(24) mois suivant la fin de l'exercice budgétaire considéré. Ce droit d'audit n'appartient qu'aux auditeurs internes ou auditeurs contractuels délégués par les non opérateurs.

Les commissaires aux comptes des non opérateurs n'ayant pas ce droit de contrôler directement les comptes communs tenus par l'opérateur, ont souvent des limitations dans le contrôle et la validation des comptes.

v Limitations dans la validation des actifs : Impossibilité d'une observation physique des actifs par le commissaire aux comptes de la société non opératrice malgré le coût important de ces immobilisations à l'actif du bilan

v Limitation d'une observation de cette immobilisation pour s'assurer, si le bien acquis est neuf, d'occasion, utilisé ou en mauvais état, acquis directement ou auprès d'une filiale

v Limitation dans l'appréciation du niveau de contrôle interne de l'opérateur

v Limitation dans la validation des charges du personnel en l'absence d'un détail des charges et d'une clef de répartition en fonction des affectations et des imputations du temps

v Absence d'une documentation suffisante sur le calcul des intérêts du portage, car les non opérateurs ne possèdent pas les éléments sur le décaissement effectif des fonds du portage

CHAPITRE 2
PROPOSITIONS

La Comptabilité des Coûts Pétroliers doit être sincère et exacte , et les comptes sont tenus et présentés de manière que puissent être aisément regroupés et dégagés les coûts pétroliers afférents, notamment, aux dépenses relatives aux :

- travaux de recherche,
- travaux de développement,
- travaux d'exploitation,
- travaux d'abandon et aux provisions constituées en vue de leur réalisation, et
- activités connexes, annexes ou accessoires ainsi que la provision pour investissements diversifiés.

4.2.1. Propositions liées à la comptabilisation

Les non opérateurs sont responsables de la tenue de leur comptabilité, et cette comptabilité doit être contrôlée et auditée. Dans ce sens, elle doit être sincère, régulière et fidèle.

Cette comptabilité pour être sincère, régulière et fidèle doit être tenue sur la base d'un process de clôture de comptes complets. L'opérateur doit fournir aux non opérateurs les factures, bons de commandes, bons de livraisons, les times sheets, les contrats, les balances analytiques et toutes les informations nécessaire sur les dates des décaissements des appels de fonds,...

L'accord comptable, annexe au contrat d'association doit prévoir une réunion mensuelle d'analyse des comptes communs entre les comptables de l'opérateur et ceux des non opérateurs afin d'analyser les charges analytiques qui impactent les coûts pétroliers, permettre aux comptables des non opérateurs de documenter les écritures, s'assurer de la correcte évaluation de certaines charges.

Il serait souhaitable que l'opérateur mette en place un contrôle systématique retraçant la charge de travail effective accomplie par les agents. Ce contrôle doit être matérialisé sur la base des times sheets journaliers validés par les personnes hiérarchiquement habilitées d'assurer le contrôle des temps effectués. Ces documents doivent être mis à la disposition des non opérateurs.

Les principes d'imputation et les méthodes analytiques habituelles du Contracteur en matière de répartition et de reversement doivent être appliqués de façon homogène, équitable et non discriminatoire à l'ensemble de ses activités.

4.2.2. Propositions liées à l'audit des côuts pétroliers de la société non opératrice

Le droit d'audit des non opérateurs devrait être permanent et étendu au commissaire aux comptes des non opérateurs. Les exceptions relevées dans les comptes communs tenus par l'opérateur impactent directement les comptes des non opérateurs.

Afin de dérouler à bien les contrôles des comptes, les commissaires aux comptes doivent obtenir les éléments suivants :

v Imputation des charges indirectes dans les coûts d'exploration et de développement : admissibilité de telles charges dans les CP et clés de répartition utilisées ;

v Calcul et imputation de l'assistance technique et des frais généraux, auditabilité de ces charges ;

v Nature des dépenses éligibles ou non aux coûts pétroliers déductibles, exclusion de dépenses ne participant pas réellement aux opérations pétrolières ;

v Imputation de marge dans les coûts pétroliers à travers des refacturations ou par l'utilisation d'intermédiaires (utilisation du benchmarking);

v Documentation de la comptabilité analytique (règles de comptabilisation et d'imputation, de répartition) de l'opérateur duquel sont issus les états de coûts imputés à l'association ;

4.2.2.1. Diligences complémentaires

Les phases de travaux sont contractuellement définies par rapport à des dates.

Pour le pétrolier, Elles correspondent naturellement à des natures de travaux.

Il peut également y avoir une dimension géographique dans la définition.

L'auditeur doit tenir compte de certains champs banalisés, car les coûts de l'exploration de ces champs se remboursent sur les champs en production.

De même, nous devons tenir compte à la délinéation des champs, car elle constitue une période à haut risque économique. D'un côté, il faut poursuivre une prospection précise et mener des études ciblées afin de disposer de suffisamment d'informations pour prendre la bonne décision, ce qui consomme du temps et exige des investissements. De l'autre, il faut savoir stopper rapidement cette étape, soit pour abandonner afin de limiter les dépenses inutiles, soit, dans le cas contraire, pour développer le gisement et commencer la production le plus rapidement possible.

a/Les frais financiers

La définition des travaux est importante pour les frais financiers incorporables

v Taux d'intérêt

* Groupe ou Non Groupe
* Europe USA ou Afrique

b/ Les cessions

Les revenus de cession doivent être en déduction dans les coûts pétroliers.

C'est à l'auditeur de se demander si les cessions ont été comptabilisées (problème d'exhaustivité et réalité).

c/ La répartition analytique

1/ Quelle est la répartition analytique ?

Ce n'est pas un problème majeur quand il y a une seule unité contractuelle, mais attention quand il y a plusieurs unités contractuelles :

v les clés peuvent permettre de transférer des coûts vers des champs mieux récupérables

v attention à la saturation

2/ Comment sont calculées les clés de répartition ? L'auditeur doit s'interroger sur l'affectation des charges et la clef de répartition des charges communes.

d/ Frais généraux et frais de siège

v Attention à la nature pour ne pas incorporer des frais qui ne sont pas des CP.

v Attention à ne pas faire de la double incorporation (logiquement impossible avec une comptabilité analytique qui "boucle").

v Demander des détails

v Rappeler les articles qui imposent de justifier les coûts et rejeter les éléments non justifiés

v Utiliser des benchmarking.

e/ Récuperation du Cost oil

v attention aux règles d'ordre de récupération

v attention à la saturation (le fait pour l'opérateur de vouloir imputer des charges fictives à une unité contractuelle dont tous les coûts ont été récupérés).

v effet de l'exploration non supportée par l'Etat

f/ Coûts décaissés

v les comptabilités des pétroliers sont des comptabilités d'engagement

v Ne pas hésiter à utiliser ce principe pour rejeter des coûts douteux non décaissés (peut être utile vis à vis de dépenses sièges)

CONCLUSION

La comptabilité des sociétés non opératrices est tenue sur la base des états de cohérence (en fonction de leur quote-part dans l'association) transmis par l'opérateur.

Chaque société est responsable de la tenue de ses propres registres comptables et des obligations légales et fiscales lui incombant au titre de sa participation aux activités régies par l'accord. C'est pour faire face à ces obligations que chacune des sociétés opératrices ou non opératrices est tenue d'avoir une comptabilité normale et sincère que le ou les commissaires aux comptes doivent auditer et donner une opinion.

Les non opérateurs disposent d'un droit d'audit afin de s'assurer que l'opérateur a maintenu des procédures de contrôle interne appropriées pour permettre l'enregistrement et le suivi des transactions liées aux opérations communes.

Le droit d'audit inclut un droit d'accès aux heures habituelles de travail aux comptes et pièces conservées par l'opérateur et relatifs au compte commun ainsi qu'un droit de visite des sites, des installations, des magasins et des bureaux de l'opérateur utilisés pour les opérations communes, dans la mesure où ces visites entrent dans le cadre de l'audit.

Les auditeurs des non–opérateurs ont donc accès à tous les documents justificatifs des charges et crédits relatifs au compte commun incluant de façon non limitative.

Les non-opérateurs pourront donc effectuer une vérification complémentaire en cas de réserve soulevée dans l'audit de leurs comptes sociaux par les commissaires aux comptes, cette vérification permettra de fournir les informations et pièces justificatives aux limitations constatées par les auditeurs.

De même, les non opérateurs doivent présenter les rapports des audits effectués auprès de l'opérateur aux commissaires aux comptes, cette approche facilitera les auditeurs à apprécier le niveau du risque et de l'environnement du contrôle interne de l'opérateur.

Il serait donc idéal d'étendre ce droit d'audit aux commissaires aux comptes des non opérateurs en cas d'une limitation liée aux comptes de coûts pétroliers.

BIBLIOGRAPHIE

1. Ouvrages

- Adelman MA (1992) The World Petroleum Market. John Hopkins University Press, Baltimore, Maryland.
- Analyse financière (1991) Problèmes énergétiques, n° 87-88. Société française des analystes financières, Paris.
- Angelier JP (1991) Le pétrole. Economica, Paris.
- Annales des mines (1990) Le pétrole : défis techniques et enjeux économiques. Série Réalités industrielles. Editions Eska.
- Ayoub A, Percebois J (1987) Pétrole : marchés et stratégies. Economica Paris.
- Babusiaux D (1990) Décision d'investissement et calcul économique dans l'entreprise.
- Economica – Edition technip, Paris.
- Barjot D (1991) Energie aux XIXe et XXe siècles. Vol. 1 et 2. Editions Ens, Paris.
- Boy de la tour X (1990) Victor de Metz : de la CFP au groupe Total. Total Editions, Paris.
- Chevalier JM, Barbet P, Benzoni L (1986) Economie de l'énergie. Dalloz – Presses de la FNSP, Paris.
- Conseil Mondial de l'Energie (2001) Les marchés de l'énergie : les défis du nouveau millénaire (rapport de la 18e conférence), First Magazine Ltd, London.
- Cossé R (1998) Le gisement. Edition Technip, Paris.
- Dalemont E (1982) L'industrie du pétrole. PUF, Paris.
- Dalemont E, Carrie J (1993) Histoire du pétrole. PUF, Paris.
- Dalemont E, Carrie J (1993) L'économie du pétrole. PUF , Paris.

• Dessus B, Pisanie E (1994) Atlas des énergies pour un monde vivable. Syros, Paris

• Georgel P (1989) Les mirages du pétrole, souveraineté européenne et marchés pétroliers.

• Giraud A, Boy de la Tour X (1987) Géopolitique du pétrole et du gaz. Editions Technip, Paris.

• Giraud PN, Suissa A, CoiffardJ, Cretin D (1991) Géopolitique du charbon. Economica, Paris.

• Hotteling H (1931) A Century in Oil. Orion Publishing Group, London.

• Jacquet P, Nicolas F (1991) Pétrole: crises, marchés, politiques. Dunod, Paris.

• Martin JM (1990) L'économie mondiale de l'énergie. La découverte, Paris.

• Martin JM (1992) Economie et politique de l'énergie. A. Collin, Paris.

• Masseron J (1992) L'économie des hydrocarbures. Editions Technip, Paris.

• Nguyen JP (1993) Le forage. Technique d'exploitation pétrolière. Editions Technip, Paris.

• Parra Associates FR. (1993) international (the) oil industry 1950-1992. Readings: F.R. Parra Associates, 1993.

• Percebois J (1989) Economie de l'énergie. Economica, Paris.

• Perrodon A (1989) Le pétrole à travers les âges. Société Nouvelle des Editions Boubée, Paris.

• Perrodon A (1999) quel pétrole demain ? Edition Technip, Paris.

• Ritchie B (1995) Portrait in Oil : an Illustrated History of BP. James & James Ltd, London.

• Simon Y(1989) Les marches à terme de produits pétroliers. Université de Paris IX – Dauphine, Paris.

- Terzian (1983) L'étonnante histoire de l'OPEP. Editions Jeune Afrique, Paris.
- Yergin d (1991-1992) Les hommes du pétrole. Tome 1 (1991) : les fondateurs 1859-1945.

2. Rapports annuels

- BP Statistical Reveiw of World Energy, June 2001.
- Panorama IFP 2001
- Rapport annuel 2000 de la DIMAH: L'industrie pétrolière en 1990.
- Rapport annuel 2000 de l'Union Française de l'Industrie Pétrolière.

3. Revues

- Bulletins du Comité Professionnel du Pétrole (CPDP).
- Bulletin de l'Industrie Pétrolière (BIP).
- Oil and Gas Journal.
- Pétrole et techniques.
- Petroleum intelligence Weekly.
- Pétrostratégies.

4. Sites internet

- Agence Internationale de l'Energie : www.iea.org
- Conseil Mondial de l'Energie : www.worldenergy.org
- Institut Américain du Pétrole : www.api.org
- Département Américain de l'Energie : www.fe.doe.org
- Organisation des Pays Exportateurs de Pétrole (OPEP) : www.opec.org
- L'histoire du pétrole : www.oilhitory.com

GLOSSAIRE

Année Civile : Période de douze (12) mois consécutifs commençant le premier janvier de chaque année.

Baril : Unité égale à 42 gallons américains (un gallon U.S. étant égal à 3,78541 litres) mesurés à la température de soixante (60) degrés Fahrenheit.

Budget : l'estimation prévisionnelle du coût d'un Programme de Travaux.

Cession : toute opération juridique aboutissant à transférer entre les parties ou à toute autre entité, autre qu'une partie, tout ou partie des droits et obligations découlant du Contrat sur tout ou partie de la zone de Permis.

Contracteur : désigne la société, la Société Nationale et les futurs associés qui deviendront parties au Contrat.

Contrat d'association : le Contrat à conclure entre les entités constituant le Contracteur, ses annexes et ses avenants, pour la réalisation en Association des Travaux Pétroliers.

Cost-Stop : le pourcentage maximum de la production nette d'Hydrocarbures Liquides pouvant être récupérés au titre des Coûts Pétroliers au cours d'un exercice.

Coûts Pétroliers : toutes les dépenses et les provisions liées aux Travaux Pétroliers. Les Coûts Pétroliers comprennent les dépenses effectivement encourues par le Contracteur ainsi que les provisions constituées du fait des Travaux Pétroliers, calculées conformément aux dispositions de la procédure comptable.

Date d'Entrée en vigueur : la date de la prise d'effet d'un Contrat.

Dollar : la monnaie ayant cours légal aux Etats-Unis d'Amérique.

Gaz Associé : le gaz produit en même temps que les Hydrocarbures Liquides qui est séparé de ceux-ci au moyen de séparateurs et qui est habituellement brûlé à la torche lorsqu'il n'est pas réinjecté pour les besoins des Travaux Pétroliers.

Gaz Naturel : les hydrocarbures gazeux comprenant principalement du méthane et de l'éthane, qui, à 15° C et à la pression atmosphérique, sont à l'état gazeux, et qui sont découverts et/ou produits sur la Zone de Permis, après l'extraction des Hydrocarbures Liquides du Gaz Naturel. Les gaz de pétrole liquéfiés, ou GPL, sont, par exception, considérés comme des Hydrocarbures Liquides pour autant qu'ils sont expédiés au point de livraison sous forme liquide.

GPL : Les gaz de pétrole liquéfiés.

Hydrocarbures : les Hydrocarbures Liquides et le Gaz Naturel découverts et/ou produits sur la Zone de Permis.

Hydrocarbures Liquides : les Hydrocarbures découverts et/ou produits sur la Zone de Permis, y compris les GPL, à l'exception du Gaz Naturel.

Participation : Le pourcentage d'intérêt détenu par une entité composant le Contracteur et tel que défini dans le Contrat d'Association.

Parties : les parties au Contrat, soit l'Etat et le Contracteur.

Permis d'exploitation : Tout Permis d'Exploitation découlant du permis de recherche.

Prix Fixé : le prix de chaque qualité d'Hydrocarbures Liquides

Procédure Comptable : la procédure comptable qui, après signature, fait partie intégrante du Contrat dont elle constitue l'Annexe II.

Production Nette : la production totale d'Hydrocarbures Liquides, y compris les gaz de pétrole liquéfiés, ou GPL, diminuée de toutes eaux et de tous sédiments produits ainsi que de toutes quantités d'hydrocarbures réinjectées dans le gisement, utilisées ou perdues au cours des Travaux Pétroliers.

Production Totale : La somme des Productions Nettes.

Profit Oil : La part de la Production Nette à partager

Programme de Travaux : un plan de Travaux Pétroliers devant être effectués durant une période déterminée, tel qu'approuvé par le Comité de Gestion.

Provision pour investissements diversifiés ou "PID" : désigne la provision pour investissements.

Qualité d'Hydrocarbures Liquides : désigne une quelconque qualité d'Hydrocarbures Liquides livrée FOB à un Prix Fixé.

Redevance : La redevance minière proportionnelle due à l'Etat

Réserves Prouvées : Les quantités d'Hydrocarbures telles que définies par la Society of Petroleum Engineers (telles qu'indiquées sur le site Web www.spe.org) qui, selon les informations géologiques et techniques disponibles, ont une forte probabilité (supérieure à 90%) d'être récupérées dans le futur ,à partir des gisements connus et dans les conditions technico- économiques existantes, déterminées et certifiées selon les méthodes habituelles du Contracteur et approuvées par le Comité de Gestion notamment dans le cadre d'une demande de Permis d'Exploitation, d'un plan de développement ou pendant la phase d'exploitation.

Société Affiliée :

- Toute société dans laquelle plus de cinquante (50) pour cent des droits de vote dans les assemblées générales ordinaires des actionnaires ou associés, ci-après désignées les "Assemblées", sont détenus directement ou indirectement par l'une des Parties ;

Tax Oil : la part du Profit Oil de l'Etat

Titulaire : le Titulaire du Permis ou d'un Permis d'Exploitation conformément au Code des Hydrocarbures. Pour le Permis à la date de signature du Contrat, le Titulaire signifie la société.

Travaux d'Abandon : les Travaux Pétroliers nécessaires à la remise en état d'un site d'exploitation et dûment provisionnés dont l'abandon est programmé par le Comité de Gestion dans les conditions fixées par la Procédure Comptable.

Travaux d'Evaluation et de Développement : les Travaux Pétroliers liés aux Permis relatifs à l'étude, la préparation et la réalisation des opérations telles que : sismique, forage, équipement de puits et essais de production, construction et pose des plates-formes, ainsi que toutes autres opérations connexes, et toutes autres opérations réalisées en vue de l'évaluation des gisements et de leurs extensions, de la production, du transport, du traitement, du stockage et de l'expédition des Hydrocarbures aux terminaux de chargement.

Travaux d'Exploitation : les Travaux Pétroliers relatifs aux permis et liés à l'exploitation et à l'entretien des installations de production, de traitement, de stockage, de transport et d'expédition des Hydrocarbures.

Travaux de Recherche : Les Travaux Pétroliers liés au permis et réalisés dans le but de découvrir et d'apprécier un ou plusieurs gisements d'Hydrocarbures tels que les opérations de géologie, de géophysique, de forage, d'équipement de puits et d'essais de production.

Travaux Pétroliers : toutes activités conduites pour permettre la mise en œuvre du Contrat sur la Zone de Permis, notamment les études, les préparations et réalisations des opérations, les activités juridiques, comptables et financières. Les Travaux Pétroliers se répartissent entre les Travaux d'Evaluation et de Développement, les Travaux d'Exploitation et les Travaux d'Abandon.

Trimestre : une période de trois (3) mois consécutifs commençant le premier jour de janvier, d'avril, juillet et d'octobre de toute année civile.

Zone de Permis : la zone couverte par le Permis de Recherche et tous les Permis d'Exploitation en découlant.

Swaps : Type de contrat « papier » qui permet pour un produit donné d'acheter le différentiel entre sa cotation sur le marché spot et sur un marché à terme. Cet instrument permet aux sociétés pétrolières de proposer à leurs clients des livraisons sur plusieurs mois à 1 an à un prix fixe garanti.

TABLE DES MATIÈRES

Achevé d'imprimer par Corlet Numérique - 14110 Condé-sur-Noireau
N° d'Imprimeur : 124311 - Dépôt légal : décembre 2015 - *Imprimé en France*